Kaspar Hauser Code

Thomas Hattemer

Kaspar Hauser Code

Bibliografische Information der Deutschen Nationalbibliothek
Die Deutsche Nationalbibliothek verzeichnet diese Publikation
in der Deutschen Nationalbibliografie; detaillierte bibliografische
Daten sind im Internet über http://dnb.d-nb.de abrufbar.

© 2022 Thomas Hattemer
Covergestaltung, Herstellung und Verlag:
BoD - Books on Demand
ISBN 978-3-7568-0365-1

Inhaltsverzeichnis

Vorwort

Nachdem ich viele Codes in Zusammenhang mit der Jack the Ripper Aktion herausgefunden hatte, habe ich nach Codes bei Kaspar Hauser gesucht.
Drei Codes stecken offenbar ganz simpel im Namen selbst.
In Nürnberg gibt es zwei Anagramme und ein Homonym.
Drei gleichseitige Dreiecke (z.B. Beuggen, Pilsach, Linz am Rhein) müssen etwas bedeuten.
K. Hauser und J. the Ripper scheinen zwischen 1812 und 1888 Schlagabtausche zwischen zwei Linien zu sein? Denn in diesem Zeitraum finden sich Datums mit Quersumme 32.

Es war vielleicht ein Wink des Schicksals, als ich Ende April oder im Mai – noch eins, zwei Monate im Mutterleib – in Karlsruhe auf der Bundesgartenschau 1967 meinen ersten Urlaub verbrachte. Das war der erste Kontakt mit der ehemaligen Hauptstadt des Großherzogtums Baden.
Eine zweite Hinwendung ergab sich, als ich (wie schon in einem Buch zuvor erwähnt) im Alter von 3 Jahren in dem 1888er Haus in Pfaffen-Schwabenheim war, um dortige Mieter zu besuchen. Sein Erbauer ist aufgrund vieler Indizien offenbar in die Jack the Ripper Aktion verwickelt.

Trotz Codes kann Hauser ein einfacher Mensch gewesen sein. Er muß kein Prinz gewesen sein.

Pfaffen-Schwabenheim, Juli 2022

Kaspar Hauser vor 1828?

Leidensweg Kaspar Hausers bis 1828 sähe, wenn man den Anhängern der Erbprinzentheorie Glauben schenkt, so aus:

- Er erinnert sich in Nürnberg an: „Als kleines Kind durch den Palast gerannt" (Schloß in Karlsruhe?) 1812-1815?
- Schloß Beuggen, bei Rheinfelden (gehört zu Baden, Großherzogtum): Pferdezeichnung an der Wand, so groß wie Spielzeug. Zugemauerter Raum, flach, nicht zum Stehen geeignet. 1815/16?
- Flaschenpost 1816, nördlich von Basel von einem Fischer gefunden. Auf Lateinisch: „Ich bin ein Gefangener. Ein Anderer hat sich meines Blattes (Thrones) bemächtigt." Anagramm: „Sein Sohn Caspar" [1] (Meine Meinung: Flasche von „Betreuer/in" in den Rhein geworfen.)
- Schloß Pilsach zwischen Regensburg und Nürnberg: ein Pferdchen aus Holz in einem zugemauerten Raum gefunden, Decke zu niedrig zum Stehen. 1816-1828?

Pilsach liegt zwischen Nürnberg und Regensburg, näher an Nürnberg. Kaspar Hauser behauptet aus Regensburg zu kommen. Das würde eher zu seinem altbayerischen Dialekt passen, den er gesprochen haben soll.

In Freiheit (Nürnberg, Ansbach) zeichnet Kaspar Hauser u.a. Wappen, die er von Schloß Beuggen herhaben könnte. Außerdem zeichnet er sehr gekonnt eine Pflanze, die die Form eines Metallgitters am Fenster in Beuggen hat.

---

[1] Anagramm „S. Hanès Sprancio" ist seit mind. 1926 bekannt. Bericht zur Flaschenpost bei Kembs im Elsaß steht im Pariser Moniteur universel vom 5.11.1816. „Blattes" ist eine Tarnung für „Thrones"? Alternativen zu „Sein Sohn Caspar" werden auch diskutiert.

Verschiedene Quellen unter Wikipedia „Schloss Beuggen",
aufgerufen 14.07.2022, u.a.:

Schloss Beuggen. Geschichte – Gebäude – Gegenwart, Seite 11
Reinhard Heydenreuter: König Ludwig I. und der Fall Kaspar
Hauser, in: Staat und Verwaltung in Bayern. Festschrift für Wilhelm
Volkert zum 75. Geburtstag. Herausgegeben von Konrad Ackermann
und Alois Schmid, München 2003, S. 465ff.
Fritz Trautz: Zum Problem der Persönlichkeitsdeutung: Anläßlich
das Kaspar-Hauser-Buches von Jean Mistler, in: Francia 2, 1974, S.
723
Antonius van der Linde: Kaspar Hauser. Eine neuzeitliche Legende, 2
Bände, Wiesbaden 1887, 1. Band, S. 195ff, (hier online)
Fritz Klee: Neue Beiträge zur Kaspar Hauser – Forschung, Nürnberg
1929. Nachdruck im Kaspar Hauser Verlag, Offenbach, o. J., S. 39f.
und S. 63.
Manfred Dietenberger: Kaspar Hauser – Eine Entmythologisierung.
In: Horst Boxler (Hrsg.), Land zwischen Hochrhein und
Schwarzwald. Beiträge zur Geschichte des Landkreises Waldshut,
Sonderausgabe 1, Jg. 1997, S. 163f.
Johannes Mayer und Peter Tradowsky: Kaspar Hauser, das Kind von
Europa: in Wort und Bild dargestellt, Stuttgart 1984, Abbildung 83, S.
382. (Die Autoren geben ein falsches Datum an)
Ivo Striedinger: Neues Schrifttum über Kaspar Hauser, in: Zeitschrift
für bayerische Landesgeschichte, 6. Jg. 1933, Seite 446
Reinhard Heydenreuter: Kriminalgeschichte Bayerns, Regensburg
2003, S. 283

Quelle unter Wikipedia „Schloss Pilsach", aufgerufen
31.07.2022

Herbert Rädle: Burgen und Burgställe im Kreis Neumarkt.
Herausgegeben von Landkreis Neumarkt in der Oberpfalz,
Neumarkt o. J., ISBN 3-920142-14-4, S. 84–86.

Übersicht Codes

Beschreibung

Folgende Codierungen konnte ich erkennen:

A) **Wortspiele** mit Namen „Kaspar Hauser"

1) „Kaspar(L) Hauser" ergibt nach Umstellung der Buchstaben **Karlsruhe** + Rest Spa A.
2) „Hauser" ist in **Beauharnais** enthalten + Rest Bain A. (Mit A. = Aquae könnte Baden-Baden gemeint sein. So hieß der Ort in der römischen Antike.)
3) Caspar Hauser: Casa+Haus; Rest Perr, ggf. Peer (engl.)

B) Mehrere **Datums mit Quersumme** 32

1) **Geburtsdatum** 29.9.1812 des badischen Erbprinzen ohne Namen (Kaspar Hauser?) 2+9+9+1+8+1+2 = 32
2) **Pfingstmontag** 26.5.1828, als Kaspar Hauser in Nürnberg das erste Mal in der Öffentlichkeit erscheint
3) Mögliches **Duell** am 23.2.1888 zwischen einem badischen Prinzen und dem Schotten Hamilton-Douglas. Rache darauf im Sommer via Jack the Ripper. (siehe meine Bücher dazu)

Zudem stirbt der mutmaßliche Vater von Kaspar Hauser (wenn an der Erbprinzentheorie was dran ist) Ende 1818 mit 32 Jahren.

C) **Walpurgisnacht**

1) Alexander, zweiter noch kürzer lebende Sohn des badischen Großherzogs, wird am **1. Mai** 1816 geboren.

2) Kaspar Hauser soll am **30. April** 1812 geboren sein.

D) **Straßennamen** in Nürnberg, u.a. Geiersberg

1) Hauser erwähnt auf dem Unschlittplatz die „Neue Torstraße". Das wird Neutorstraße in Nürnberg sein.
2) Brief an Hr. Wessenig, er wohnt in der Irrerstraße
3) Der Kreis schließt sich durch die Straße Geiersberg: Anspielung auf Caroline Geyer von Geyersberg

E) **Anagramm** in Platz und Name in Nürnberg

1) Unschlittplatz, Anagramm ist „Tunlichst". Unschlitt ist anderes Wort für Tierfett oder Tran
2) Friedrich von Wessenig. In dem Brief bei Kaspar Hauser wird er dorthin verwiesen. Anagramm ist „Gewissen".

F) **Gleichseitiges Dreieck Nr.1** mit 2x 334 km, 1x 332 km

1) Von Schloß Beuggen / Rheinfelden bis zum Schloß in Pilsach bei Nürnberg sind es 334 km Luftlinie
2) Ebenfalls von Schloß Beuggen, nun aber bis nach Linz am Rhein sind es ebenfalls 334 km Luftlinie.
3) Von Linz am Rhein bis zum Schloß in Pilsach sind es 332 km Luftlinie.

Das macht insgesamt exakt 1000 Kilometer. Wären es genau jeweils 333 km, dann wären es 999 km, und exakt zwischen zwei Seiten dann 60 Grad Winkel im Dreieck. So sind es fast annähernd 60 Grad.

Was aber hat es mit Linz am Rhein auf sich? Dort wird Ferdinand von Malaisé 1806 geboren, Sohn eines Zollbeamten u.a. in Neuburg/Rhein (11 km bis Karlsruhe) und einer Mainzerin. Ferdinand ist später Erzieher zweier bayerischen Prinzen, u.a. von König Ludwig III.

Ist Christoph Malaisé mit Kaspar Hauser verknüpft?
Ist er der mysteriöse M.L.Ö, der im Dezember 1833 den Kaspar in Ansbach tötet? Ist er Mittelsmann?
Eine schwere Anschuldigung. Hat die Familie etwas zu tun mit der Sache? War es Selbstmord?

Sein Sohn ist die einzige „Persönlichkeit", die zu jener Zeit um Kaspar Hauser in Wikipedia zu Linz am Rhein genannt wird.
Ein zweiter Anhaltspunkt ist der Nachname „Malaisé" (Schwäche). Zusammen mit den Begriffen in Nürnberg am Pfingstmontag 1828 ergibt sich ein codierter Satz.

G) **Gleichseitiges Dreieck Nr.2** mit 3x ca. 475,5 km

1) Saint Menges, Herkunft des Christoph Malaisé
2) La Thuile, Herkunft des Vaters des Maximilian von Montgelas
3) Schloß Kaltenberg (bei Augsburg), Wortspielerei mit dem Familiennamen Montgelas.

H) **Gleichseitiges Dreieck Nr.3** mit 3x ca. 470 km

Und dann gibt es ein drittes, praktisch gleichseitiges Dreieck, das Maximilian von Montgelas wohl bestätigt: Paris, Mannheim, La Thuile.

Tabelle

In der folgenden Tabelle steht eine Zusammenfassung der bisher gefundenen Codes:

Input	Output	Typ
KasparL Hauser	Karlsruhe, SPA A	Anagramm
Beauharnais	Hauser, Bain A	Anagramm
Caspar Hauser	Casa, Haus, Perr	Anagramm
29.9.1812	Quersumme 32	Zahlenspiel
26.5.1828	Quersumme 32	Zahlenspiel
23.2.1888	Quersumme 32	Zahlenspiel
Mutmaßlicher Vater	Im Alter von 32 Jahren verstorben	Zahlenspiel
31.8.1888	Quersumme 37	Zahlenspiel
30.9.1888	Quersumme 37	Zahlenspiel
8.9.1888	Quersumme 42	Zahlenspiel
30.4.1812	Walpurgisnacht	Mystik
1.5.1816	Walpurgisnacht	Mystik
Unschlitt (Platz)	Tunlichst	Anagramm
(Herr) Wessenig	Gewissen	Anagramm
Geiersberg: Straße Nürnberg	Geyer von Geiersperg: Familie	Homonym
(Herr) Malaisé	schwierig	Übersetzung
Beuggen-Pilsach-Linz a. Rhein	Gleichseitiges Dreieck, 3x 333 km +/- 1 km	Code Landes-vermessung
Saint Menges – La Thuile - Kaltenberg	Gleichseitiges Dreieck, 3x 475,5 km +/- 2 km	Code Landes-vermessung
Paris – La Thuile – Mannheim (Schwetzingen)	Gleichseitiges Dreieck, 3x 470 km +/- 5 km (+/-3 km)	Code Landes-vermessung

Anagramme, Quersummen u.a.

3 Codes im Namen „Kaspar Hauser"

Die naheliegendste Frage liegt auf der Hand: Ist im Namen
„Kaspar Hauser" selbst ein Code versteckt?
Und zwar durch Umstellen der Buchstaben kommt ein
anderes Wort heraus, also ein Anagramm.

1. Code
Falls der Name „Kaspar Hauser" auf den Erbprinzen des
Hauses Baden hinweisen sollte, dann müßte mindestens so
etwas wie „Karlsruhe" codiert sein, also der Geburtsort.

Wir benötigen dann jedoch noch ein „L", welches wir nur
bekommen, wenn wir von einem „KasparL" reden.

__KA__(SPA)__R[L]__ – __S__ + __RUHE__ (A) (umgestelltes „__haus__E__r__")
$$\quad RUHE \quad 3\ 2\ \ 4\ 1$$
Rest SPA und A.
In der römischen Antike hieß Baden-Baden einmal
„Aquae". Nehmen wir hier also den ersten Buchstaben.
SPA A(quae)

Spa in Belgien ist als Kurort den Briten seit dem 16.
Jahrhundert bekannt. A. ist nicht so abwegig; das werden
wir an anderer Stelle weiter unten sehen.

2. Code
Casa(ta) (nobile) Haus (adelig) aus __Caspar__ __Haus__er

$$\qquad\qquad Rest: PR \text{ und } ER$$
Zusammengefügter Rest: P-ER-R
Soll das ein englisches „Peer" sein?

16

Das beinhaltet alles von Freiherr bis Herzog, und auch Markgraf. Die „von Baden" waren Markgrafen.

3. Code
Abgleich mit dem Familiennamen der möglichen Mutter:

BEAUHARNAIS (dt.: schöner Harnisch)
Hier nur der Nachname: HAUSER ➜ B<u>EAUHA</u>RNAI<u>S</u>

Rest: B, A, N, A, I

Kann französisch sein: Bain (Bad) A., also wie oben bei SPA ein A., vielleicht wieder ein Hinweis auf Baden-Baden.

BAIN A(quae)

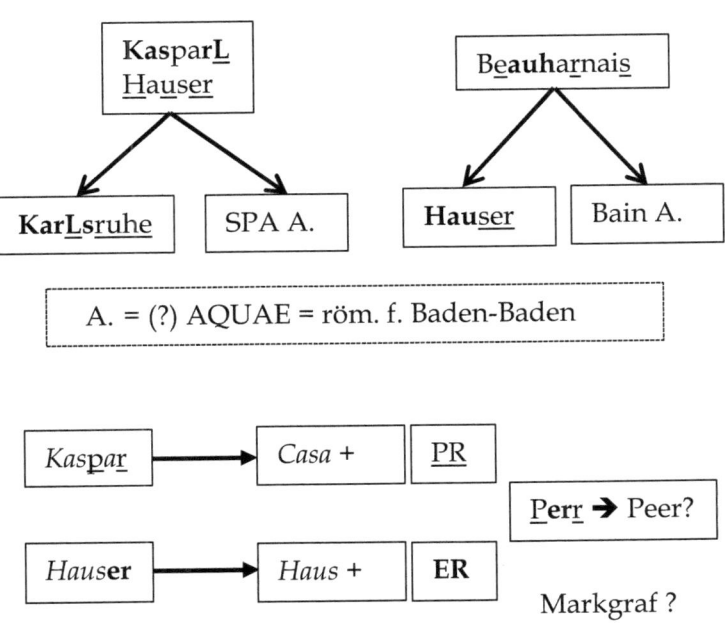

A. = (?) AQUAE = röm. f. Baden-Baden

Code „Geiersberg" in Nürnberg

Kaspar Hauser sagt „Neue Torstraße", als man ihn auf dem Unschlittplatz findet. So sind die Straßen eher in Norddeutschland bezeichnet. In Süddeutschland heißen sie meist „Neutorstraße".

In Nürnberg läuft es sich im Kreis, wenn man die Straßen „Neutorstraße, Geiersberg und Irrerstraße" abgeht.

Kaspar sagt „Neue Torstraße" und hat gleichzeitig ein Schreiben dabei, welches ihn zu Friedrich von Wessenig bringen soll, der in der Irrerstraße wohnt.

Erstens vielleicht ein bißchen „Irre", die Aktion?

Aber viel wichtiger liegt dort auch die Straße „Geiersberg".

Soll ggf. auf Luise Caroline Freiin von Hochberg hinweisen, die zuvor den Namen „Geyer von Geyersberg" trug.

Luise Caroline Geyer von Geyersberg (1768-1820) war die zweite Frau des Markgrafen von Baden (+1811). Seine erste Frau (=mögliche Urgroßmutter von Kaspar Hauser) war wie seine Schwiegertochter (=mögliche Großmutter von Kaspar Hauser) aus dem Hause Hessen-Darmstadt.

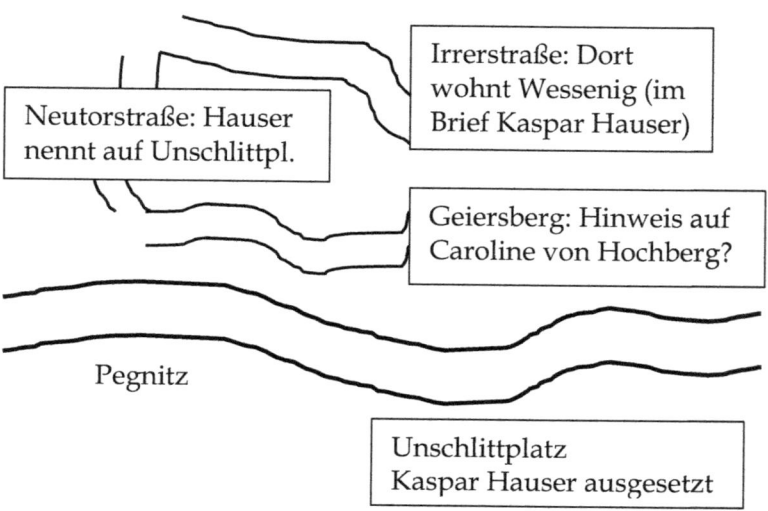

Neutorstraße: Hauser nennt auf Unschlittpl.

Irrerstraße: Dort wohnt Wessenig (im Brief Kaspar Hauser)

Geiersberg: Hinweis auf Caroline von Hochberg?

Pegnitz

Unschlittplatz Kaspar Hauser ausgesetzt

18

1812-88 Mehrere Datums mit Quersumme 32

1. Ausgangspunkt ist das offizielle Geburtsdatum des früh verstorbenen Buben 1812.

Denn der 29.09.1812 hat zur Quersumme:
2+9+9+1+8+1+2 = 18+8+2+4 = 26+6 = 32

2. Ableitung 1:
Der Vater des Buben stirbt mit 32 Jahren. Absicht? Wurde hier nachgeholfen?

3. Ableitung 2:
Kaspar Hauser taucht am Pfingstmontag 1828 auf dem Unschlittplatz in Nürnberg auf.
Das war am 26.05.1828. Die Quersumme hierzu ist:
2+6+5+1+8+2+8 = 8+6+10+8 = 32

4. Ableitung 3:
Das mutmaßliche Duell zwischen dem 12th Duke Hamilton-Douglas und Ludwig, Prinz von Baden war am:
23.02.1888. Auch hier ist die Quersumme 32:
2+3+2+1+8+8+8 = 4 x 8 = 32.

Das scheinen die Zahlen der Partei 1 zu sein, also derjenigen Linie aus dem Haus Baden, die zuletzt zweimal mit dem Haus Hessen-Darmstadt verheiratet waren.

Grafisches Rad zu „32" endet bei Jack the Ripper

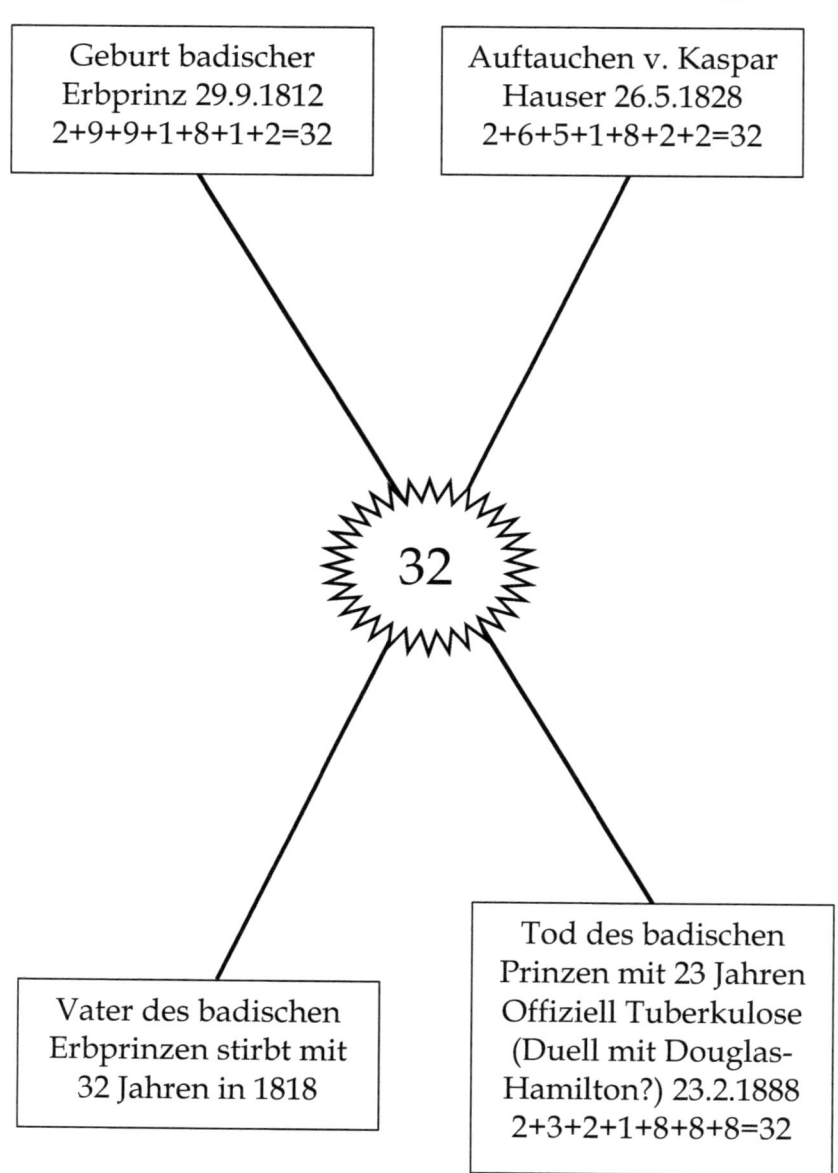

Geburt badischer
Erbprinz 29.9.1812
2+9+9+1+8+1+2=32

Auftauchen v. Kaspar
Hauser 26.5.1828
2+6+5+1+8+2+2=32

32

Vater des badischen
Erbprinzen stirbt mit
32 Jahren in 1818

Tod des badischen
Prinzen mit 23 Jahren
Offiziell Tuberkulose
(Duell mit Douglas-
Hamilton?) 23.2.1888
2+3+2+1+8+8+8=32

Ausflug zu Codes bei Jack the Ripper

Neben unzähligen Codes in Distanzen und Winkeln hatte ich in meinen Jack the Ripper Büchern auch auf die Codes bzw. Anagramme in den Straßen Londons und den Frauen hingewiesen.

Die ersten drei von Jack the Ripper ermordeten Frauen waren verheiratet. Aus dem Mädchennamen bzw. Geburtsnamen und dem Nachnamen des Ehemannes läßt sich nach Umstellung herauslesen:
Douglas Hamilton verschwistert Kaiser nahmst/nachts, mit vier Buchstaben Rest.
(Nichols, Walker, Chapman, Smith, Stride, Gustavsdotter)

Aus den ersten vier Straßennamen läßt sich lesen:
Herbert Bismarck neun bury.
(Buck´s, Hanbury, Berner, Mitre)

Ludwig von Baden (+23.2.1888) war ein Enkel von Kaiser Wilhelm I. (+1888).

Jack the Ripper vermute ich als Racheaktion für das mutmaßliche Duell zwischen Hamilton Douglas und Ludwig von Baden aufgrund Beleidigung der Schwester des Dukes aus Schottland.

Der Duke (*1845) ist über seine Mutter Marie Amelie ein Ururenkel vom Markgrafen von Baden (+1811) mit seiner ersten Frau aus dem Haus Hessen-Darmstadt.
Und Ludwig von Baden (*1865) ist über seinen Vater ein Urenkel des Markgrafen mit dessen zweiter Frau Caroline Geyer von Geyersberg.

Was haben wir noch für Codes?

1+8+8+8 km von Bingen, über Kaiser-Friedrich-Turm in Bingen, Horrweiler, Gau-Bickelheim und Lonsheim.

LONsheim und DONnersberg

600 km vom Schnittpunkt der ersten vier Morde Jack the Rippers bis 200 Meter hinter dem Friedhof in Gau-Bickelheim.
6 km vom 1888er Haus in Pfaffen-Schwabenheim bis 200 hinter dem Friedhof in Gau-Bickelheim
60 km bis zum Südende der Kaiserin-Augusta-Anlagen in Koblenz vom 1888er Haus. Ebenso 60 km vom 1888er Haus in Pfaffen-Schwabenheim bis zur Mitte des Krönungswegs zwischen Dom und Römer in Frankfurt.

93,82 Grad Kreuz (schief) in London, gebildet aus den ersten vier Morden. Dieser Winkel auch exakt zwischen dem 1888er Haus und den Mittelpunkten der beiden Friedhöfe in Horrweiler und Gau-Bickelheim, wo zwei Serienmörder herkommen, zuständig für London und den Raum Chicago.

In Managua gibt es von einem zentralen Teich aus in 6, 60, 600 und 6000 km Entfernung andere Gewässer, wobei zweimal Messer codiert ist. (Siehe mein Buch dazu)

1888: Datums mit Quersumme 37, 42

Benutzt die zweite Partei, also die Partei mit der Vorfahrin Luise Karoline Geyer von Geyersberg ebenfalls die Quersumme von einem Datum?

Schwer zu sagen.

Der erste Jack the Ripper Mord ist am 31.8.1888
Die Quersumme ergibt:
$3+1+8+1+8+8+8 = 4 \times 8+5 = 37$

Der dritte und vierte Jack the Ripper Mord ist am 30.9.1888
Die Quersumme ergibt:
$3+9+1+8+8+8 = 3 \times 8+13 = 37$

Der zweite Jack the Ripper Mord am 8.9.1888 ergibt „quer":
$8+9+1+8+8+8 = 4 \times 8+10 = 42$

Das Einzige was mir derzeit dazu einfällt ist:
Leopold, Großherzog von Baden und ältester Sohn der Caroline Geyer von Geyersberg, ist beim Auftauchen des Kaspar Hausers im Mai 1828 dann 37 Jahre alt. Bei dessen Tod im Dezember 1833 dann 43 Jahre alt.

Kein Erbprinz?

Trotz der vielen Codes, die zu finden sind, muß Kaspar Hauser dennoch kein Erbprinz sein. Denn, wenn jemand mit Absicht solche Spuren legt, dann gibt es immer noch zwei Möglichkeiten: a) er ist es und b) er ist es nicht.

Einzig interessant ist, daß es die Codes gibt. Da hat jemand eine ganz bestimmte Intension gehabt. Diese kann er anwenden, egal ob Hauser ein Erbprinz ist oder nicht.

Eine andere Frage ist, ob die Codes gar nicht existieren und alles nur Zufall ist.

Was mich ein wenig wundert: Wenn eine Absicht darin bestand, den Zweig Badens, der mit Hessen-Darmstadt verbunden war, aussterben zu lassen; wieviel Aufwand muß hier getrieben werden?
Es muß ja von vorne herein, und um nicht aufzufallen, bei jedem männlichen Nachkommen eine andere Methode des Aus-dem-Weg-Schaffens – vor dessen Zeugung – geplant worden sein. Was hätte man denn bei Alexander (*/+ 1816) geplant? Was hätte man denn für etwaige weitere männliche Vertreter geplant?
Scheint mir alles ein wenig zu aufwendig. Aber ich kann mich täuschen.

Nebenbei:
Warum kennt man den Namen des Kindes (*/+ 1812) nicht? Hieß es vielleicht „Claude", weil der Bruder auf „Alexander" getauft wurde? Doch auch bei anderen Adeligen ist der Name von früh verstorbenen Kindern nicht unbedingt bekannt. 1812 waren es andere Zeiten als 1816. Das Kind 1812 lebt sogar einige Tage länger.

Walpurgisnacht in Karlsruhe

Das für Kaspar Hauser angegebene Geburtsdatum ist der 30. April 1812. Das stimmt zwar mit dem Jahr, aber nicht mit dem Tag und Monat der Geburt des namenlosen Erbprinzen von Baden überein. Dieser wird am 29. September 1812 geboren.

Vielleicht ist dies auch Absicht.
Denn der Erbprinz und mutmaßliche Bruder Alexander, geboren am 1. Mai 1816, der am 8. Mai stirbt, wird eben am 1. Mai geboren.

Ist es Absicht mit dem 30. April, um mit dem 1. Mai die Walpurgisnacht anzudeuten?

Kind ohne Namen   **29.09.1812*
= (?)
Kaspar Hauser   ***30.04.1812**

Sohn Alexander   **01.05.1816*

Zwei Buben hat das Paar Karl von Baden (+1818) und Stephanie de Beauharnais. Beide sterben nach einigen Tagen.

Der zweite Bub lebt nur 8 Tage, aber er hat den Namen Alexander, vermutlich nach dem Verwandten der Mutter benannt, Alexandre Beauharnais, der unter dem Fallbeil endet.
Der erste Bub (*/+1812) lebt dagegen fast doppelt solange und hat offiziell noch nicht mal einen Namen.
Soll man darüber spekulieren?

Weitere Codes in Nürnberg

Anagramm Unschlitt(platz): Tunlichst

Unschlitt ist ein anderes Wort für Talg bzw. Tierfett.
Ist das „Aussetzen" des Kaspars durch seinen „Beschützer"
an Pfingstmontag 1828 auf dem Unschlittplatz ebenfalls
eine Absicht? Haben wir hier auch einen Code?

Gebe ich „Unschlitt" im Internet in Buchstabensalat [2] ein,
dann erhalte ich nur ein Wort, welches genauso lang ist:

Tunlichst

Ich kenne es als „man sollte tun" oder im Zusammenhang
„man sollte es tunlichst sein lassen."

Im Internet steht dazu
a) nach Möglichkeit
b) auf jeden Fall

Oder läßt sich aus dem Tierfett (nach meinem Buch 2020 als
Vorschlag zur minimierten Rechtschreibung: „Tirfet") noch
etwas machen?

Anagramm (Friedrich von) Wessenig: Gewissen

Dort wird Kaspar Hauser mittels ihm überlassenen Brief in
Nürnberg am Pfingstmontag hingeschickt. Aus „Wessenig"
kann nach Umstellung „Gewissen" entstehen.

---

[2] https://www.wort-suchen.de/buchstabensalat-loesen/

Steht hier die bayerische Regierung im Hintergrund, hält die Zügel in der Hand, und versucht das Haus Baden in Karlsruhe zu irritieren? Vielleicht wegen der ehemaligen Kurpfalz auf der rechten Rheinseite mit dem Städten Mannheim und Heidelberg, die 1815 nicht an Bayern, sondern an Baden ging. Eine solche Meinung wird von einigen Leuten vertreten.

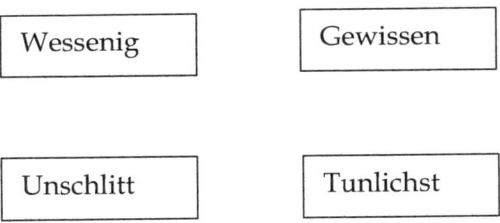

Wessenig kann vermutlich überhaupt nicht verstehen, warum man Kaspar Hauser ausgerechnet zu ihm bringt. Er ist wahrscheinlich leicht genervt überrascht. Nach einigem Hin und Her schickt er ihn zur Bürgermeisterei.

Aber falls das Wort „Wessenig" ein Code sein soll, dann wird für den Außenstehenden klar, warum im Brief, den man bei Kaspar Hauser fand, der Name steht.

Unter http://trionfi.com/wesenick/ finden sich einige Angaben zur Familie Wessenig, die auch teils mit „ck", nur mit einem „s" usw. geschrieben wird.

Code Gleichseitiges Dreieck Nr.1

Beuggen-Pilsach-Linz am Rhein – 3x 333 km

Wie bei meinen Jack the Ripper Büchern habe ich auch hier einmal die Entfernungen überprüft, die in Zusammenhang mit Kaspar Hauser stehen.

Wenn Sie die erste Gefangenschaft des Knaben in Schloß Beuggen in Rheinfelden sich anschauen, dann sind es genau 334 km bis zum Schloß in Pilsach (bei Nürnberg), dem zweiten mutmaßlichen Aufenthalt in Gefangenschaft.

Ich habe dann mal geschaut, was in 333 oder 334 km Entfernung von Beuggen (Rheinfelden bei Basel) weiter stromabwärts am Rhein getroffen wird.
Ergebnis: Es ist Linz am Rhein (bei Remagen, zwischen Bonn und Koblenz) in einem Abstand von 334 km.
Nun kann der Punkt auch abseits vom Rhein liegen. Aber das Folgende zeigt, daß genau diese Stadt gemeint ist.

Denn wenn ich nun von Linz am Rhein zum Schloß Pilsach gehe, dann sind es genau 332 km.
Also insgesamt 1000 km = 334 + 334+ 332.

Vergleichbar mit „3 3 3, bei Issos Keilerei" soll wohl 3x 333, also 999 km in Summe herauskommen.
Es sind gerade einmal 1 km Unterschied und zudem sind es tatsächlich glatte 1000 km.

Es ergibt sich ein Dreieck mit drei gleichen Seitenlängen. Jeder der drei Winkel im Dreieck hat also 60 Grad. Mal drei ergibt 180 Grad. Hier ist wieder die Zahl „6", die auch in London und Managua in Zusammenhang mit Jack the Ripper eine Rolle spielt.

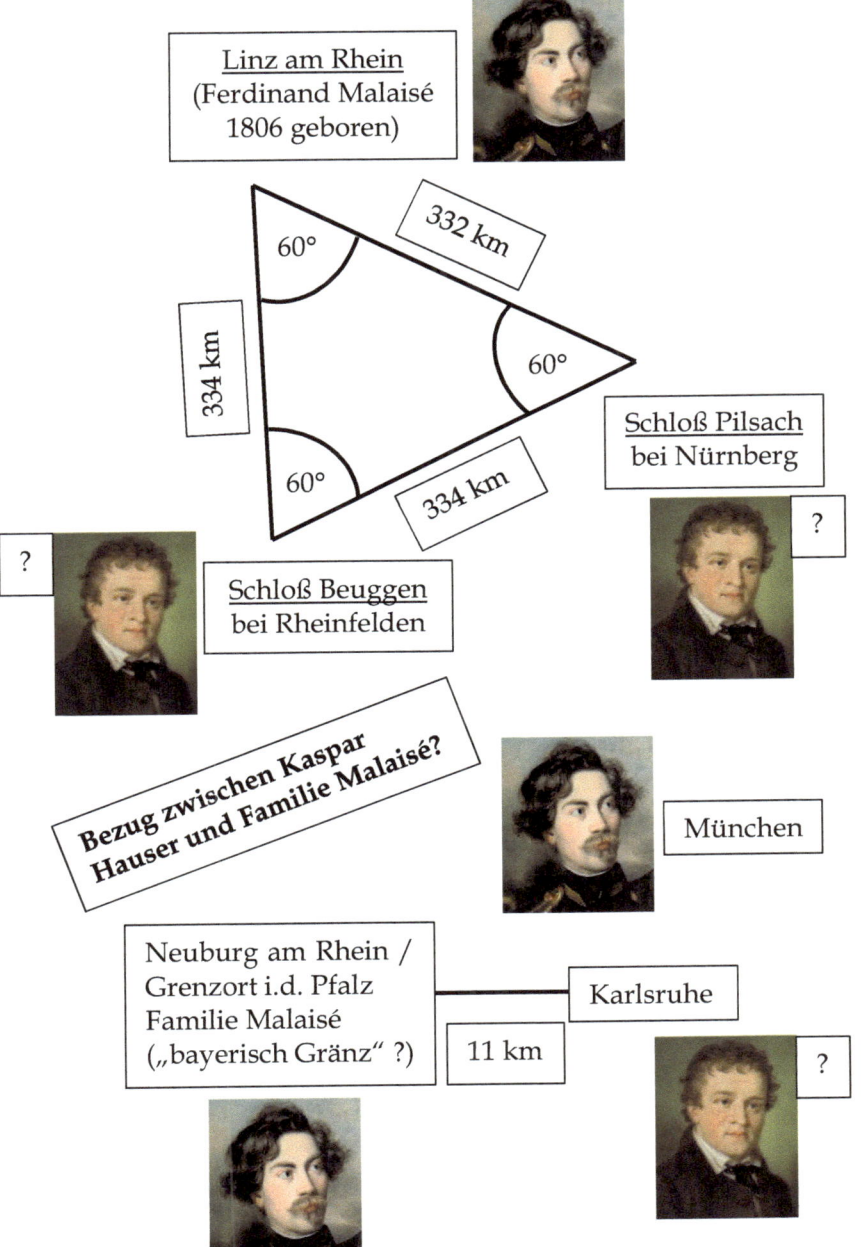

Linz am Rhein
(Ferdinand Malaisé
1806 geboren)

60°   332 km

334 km

60°

60°   334 km

Schloß Pilsach
bei Nürnberg

?

?

Schloß Beuggen
bei Rheinfelden

Bezug zwischen Kaspar
Hauser und Familie Malaisé?

München

Neuburg am Rhein /
Grenzort i.d. Pfalz
Familie Malaisé
(„bayerisch Gränz" ?)

Karlsruhe

11 km

?

29

Christoph und Ferdinand Malaisé (Linz a.R.)

Der aus Frankreich bei Sedan direkt an der Grenze zu Belgien stammende Christoph Malaisé hat dort zusammen mit seiner Frau Stephani aus Mainz einen Sohn geboren, nämlich Ferdinand von Malaisé.

Ferdinand Malaisé wurde 1806 in Linz am Rhein geboren.

Der Vater Christoph ist viele Jahre Zollbeamter in Neuburg am Rhein (heute: Rheinland-Pfalz, an der Grenze zum Elsaß bei Lauterbourg). Von dort sind es keine 10 km bis Karlsruhe. 1821 zog er nach Germersheim, wo seine erste Frau starb. Der Sohn Ferdinand beginnt seine militärische Laufbahn in Landau in der Pfalz. Später wird er General und stirbt in München.

Ist Christoph in die Kaspar Hauser Aktion verwickelt?

Immerhin wird sein Sohn Ferdinand der Erzieher zweier bayerischer Prinzen, u.a. auch der bayerischen Königs Ludwig III. Wie ist er so weit gekommen?

Nebenbei: Linz – 22 km bis Bonn (Hofgarten) und 33 km bis Koblenz (Schloß am Rhein).

Französisch „Malaise" ist auf Deutsch „Schwäche"

| Malaise | Schwäche |

Ist das auch ein Wortspiel?

Ist die ganze Aktion Kaspar Hauser ab 1817/18 eine bayerische Aktion, um Druck auf Baden auszuüben?

Ferdinand Malaisé, gemalt von Franz Xaver Winterhalter

Ferdinand Malaisé, zeitgenössisches Gemälde

Wikipedia zu Ferdinand Malaisé, aufgerufen 14.7.2022:

<<
Ferdinand Malaisé, seit 1862 Ritter von Malaisé, (* 23. Februar 1806 in Linz am Rhein; † 29. Juni 1892 in München) war ein bayerischer General und Erzieher von König Ludwig III. sowie dessen Bruder Prinz Leopold von Bayern.

Er war der Sohn des aus Saint-Menges bei Sedan in Frankreich stammenden und von dort während der Revolution geflohenen bayerischen Zolleinnehmers Christoph Malaisé (1773–1852) und dessen Ehefrau Magdalena Stephani (1769–1821) aus Mainz.
Der Vater amtierte zunächst als Zollbeamter im pfälzischen Neuburg am Rhein, ab 1821 in Germersheim. Seine erste Frau starb beim Umzug in die Festungsstadt. Dort heiratete er 1822 die Notarstochter Dorothee Geiger aus Lauterburg.

Ferdinand von Malaisé war seit 1830 mit Adelheid Wibmer, Tochter des Münchner Justizbeamten Sebastian Alois Wibmer, verheiratet. Das Paar hatte vier Söhne und drei Töchter. In Neuburg am Rhein aufgewachsen, verließ Malaisé im Jahr 1822 seine Familie und trat als Kadett in das bayerische Artillerie-Regiment ein, welches in Landau garnisonierte. 1827 wurde er Unterleutnant, ab 1833 Mathematiklehrer beim Kadettenkorps München. 1838 avancierte er zum Oberleutnant und 1845 zum Hauptmann. >> Usw.

Quellen in Wikipedia, aufgerufen 14.7.2022:

Friedrich Teicher: Das Königlich Bayerische Kadetten-Corps von der Gründung bis zur Gegenwart, München 1889, S. 121; Ausschnitt aus der Quelle.

Alfons Beckenbauer: Ludwig III. von Bayern (1845–1921), ein König auf der Suche nach seinem Volk, Pustet Verlag, Regensburg, 1987, S. 18, ISBN 379171130X; Ausschnitt aus der Quelle.
Genealogisches Handbuch des in Bayern immatrikulierten Adels, Band XX, Degener; 1994, ISBN 3-7686-5101-0.
Viktor Carl: Lexikon Pfälzer Persönlichkeiten. Hennig Verlag, Edenkoben, 2004, ISBN 3-9804668-5-X, S. 551.

In der folgenden Tabelle steht, was man alles aus dem Familiennamen Malaisé bilden kann:

Französisch	Deutsch (leo.org)
mal (Adverb)	schlecht
le mal (Substantiv)	Schmerz, Mühe, Böse, Schlechte, Ungemach, Übel
aisé (Adverb)	wohlhabend, bemittelt, leicht, ungezwungen, kaufkräftig usw.
l'aise (Substantiv)	Bequemlichkeit, Wohlbehagen
malaisé (Adverb)	schwierig
le malaise (Subst.)	Unwohlsein, Not, Schwächeanfall

Mit dem Suchbegriff „Christoph(e) Malaisé" kann unter Google nicht das Portrait gefunden werden. Unter der Webseite der Mormonen in Utah, USA, findet sich unter familysearch.com das folgende Bild.

Christoph Malaisé flüchtete aus dem Elsass nach Deutschland und wurde Zolleinnehmer in leitender Funktion. REPRO: HANS

Christophe Malaisé (1773-1852)

Unter familysearch.com wird seine 1. Frau angegeben als:
Ida Elisabetha Magdalena Aloysia Stephani (1769-1821)

Hier steht "flüchtete aus dem Elsaß". Er kam aber aus Saint-Menges laut familiysearch.com. Er heiratete zuerst eine Mainzerin und dann eine Lauterb(o)urgerin.

Code Gleichseitiges Dreieck Nr.2

Das 2. Dreieck verweist auf eine einflußreiche Person.

Maximilian von Montgelas

Maximilian Joseph von Montgelas in der Tracht des Hubertus-Ordens (Gemälde von Joseph Hauber, München, 1806)

Wikipedia schreibt zu ihm u.a. wörtlich:

<<
Maximilian Carl Joseph Franz de Paula Hieronymus Freiherr von Montgelas, ab 1809 Graf von Montgelas, (* 12. September 1759 in München; † 14. Juni 1838 ebenda; Aussprache: [mõʒə'la], bairisch „montschelas") war ein bayerischer Politiker und Staatsreformer des 19. Jahrhunderts. Er war von 1799 bis 1817 Minister unter dem Kurfürsten und späteren König von Bayern Maximilian I.
[…]
In Zweibrückener Dienste wurde Montgelas noch kurz vor dessen Tod von Johann Christian von Hofenfels aufgenommen. Dort oblag ihm unter Hofenfels' Nachfolger, dem Minister Ludwig Freiherr von Esebeck, und neben Anton Freiherr von Cetto zwischen 1787 und 1792 die außenpolitische Zuständigkeit für Berlin, München und Regensburg. Er beschäftigte sich weiter mit der Sammlung von Unterlagen über die bayerische Verwaltung und Rechtsansprüche Bayerns, seine Finanzen und Wirtschaft. Sein besonderes Bemühen galt der Pflege von Kontakten zu Unterstützern des Hauses Zweibrücken in Bayern. Die besondere politische Rolle des kleinen Herzogtums (knapp 100.000 Einwohner) ergab sich aus den im Wittelsbacher Hausvertrag festgelegten agnatischen Konsens, der die Zustimmung aller Wittelsbacher Linien zu Entscheidungen wie Staatsschuldenaufnahme und Gebietsveränderungen erforderte und die wechselseitige Erbfolge regelte.
>>

Nun gehörte Neuburg am Rhein (Pfalz) an der Grenze zum Elsaß bei Lauterbourg seit Mitte des 18. Jahrhunderts via Amt in Hagenbach zu Zweibrücken.

*Maximilian Joseph Graf von Montgelas im Alter von 75 Jahren
(Gemälde von Eduard von Heuss)*

Vor 1550 lag Neuburg sogar rechtsrheinisch. Nach damaliger Rheinbegradigung seitdem linksrheinisch.
Ist das symbolisch zu verstehen wegen der Kurpfalz und den bayerischen Ansprüchen gegenüber Baden ab 1815?
Nun zumindest könnte Montgelas via Zweibrücken Kontakte zu Christoph Malaisé in Neuburg am Rhein (Pfalz) geknüpft haben. Das ist gar nicht so abwegig.

Quellen in Wikipedia, aufgerufen 31.7.2022, notiert:

Juliane von Åkerman: Maximilian Joseph Montgelas, Graf von Garnerin. In: Jürgen Wurst, Alexander Langheiter (Hrsg.): Monachia. Städtische Galerie im Lenbachhaus, München, 2005, S. 160, ISBN 3-88645-156-9
Karl Theodor von Heigel: Montgelas, Maximilian Graf von. In: Allgemeine Deutsche Biographie (ADB). Band 22, Duncker & Humblot, Leipzig 1885, S. 193–204.
Michael Henker, Margot Hamm, Evamaria Brockhoff (Hrsg.): Bayern entsteht. Montgelas und sein Ansbacher Memoire von 1796. Friedrich Pustet, Regensburg, 1996, ISBN 3-7917-1535-6.
Katharina Weigand, Jörg Zedler (Hrsg.): Montgelas zwischen Wissenschaft und Politik – Krisendiagnostik, Modernisierungsbedarf und Reformpolitik in der Ära Montgelas und am Beginn des 21. Jahrhunderts, Herbert Utz Verlag, München, 2009, ISBN 978-3-8316-0897-3
Eberhard Weis: Montgelas – Zwischen Revolution und Reform 1759–1799, Verlag C.H. Beck, 2. durchgesehene Auflage, München, 1988, ISBN 3-406-32974-8
Eberhard Weis: Montgelas, Maximilian Joseph. In: Neue Deutsche Biographie (NDB). Band 18, Duncker & Humblot, Berlin 1997, ISBN 3-428-00199-0, S. 55–63 (Digitalisat).
Eberhard Weis: Hardenberg und Montgelas. Versuch eines Vergleichs ihrer Persönlichkeiten und ihrer Politik. In: Jahrbuch des Historischen Kollegs 1997, S. 3–20 (Digitalisat).
Eberhard Weis: Montgelas – Der Architekt des modernen bayerischen Staates 1799–1838, Verlag C.H. Beck, München, 2005, ISBN 3-406-03567-1
Galerie der merkwürdigsten Kurbaierischen Staatsbeamten, III. Heft, Maximilian Freiherr von Montgelas, Minister der auswärtigen Angelegenheiten, Volpert, Mainz [1800] (Digitalisat).

Familie Montgelas aus Savoyen

Die Ortschaft La Thuile, in dessen Nähe sogar ein Berg mit dem Namen „Montgelas" liegt (so wie die Familie heißt), liegt auf dem Berg nördlich einer Biegung eines Flußes. Sie befindet sich auf halbem Wege etwa zwischen Genf in der Schweiz und Grenoble in Frankreich. Man hat dort in La Thuile sogar ein Denkmal für die in München und der Pfalz erfolgreichen Familie Montgelas errichtet.

Familie Malaisé aus Gegend um Sedan

Christoph Malaisé kommt aus Saint Menges nördlich von Sedan. Die Gemarkung der Gemeinde reicht bis an die belgische Grenze, so wie auch bei den Nachbargemeinden. Der nördliche Teil dieser Grenzgemarkungen ist fast gar nicht besiedelt. Die Dörfer liegen meist am südlichen Ende ihrer Gemarkung.

Abstand zwischen den Herkunftsorten

Der Abstand zwischen Saint Menges und La Thuile ist 475,5 km. Dieser Abstand bekommt man auch fast hin, wenn man von Saint Menges oder von La Thuile eine Luftlinie bis Augsburg oder München zieht. München liegt allerdings über 500 km von beiden Punkten weg, Augsburg ist nicht weit genug weg.

Kaltenberg (Schloß) = Montgelas

Genau genommen ist „Montgelas" wörtlich übersetzt „der gefrorene Berg". Aber „Kaltenberg" ist sicherlich nicht sonderlich weit davon entfernt, bezüglich der Bedeutung.
Versucht hatte ich es mit Königsbrunn, welches aber erst 1833 gegründet worden war. Die Stadt liegt nicht weit genug weg, aber immerhin weiter als Augsburg.

Wegen des Namens Montgelas und der passenden Distanz von Saint Menges und von La Thuile ist der Ort bzw. das Schloß Kaltenberg mein Favorit. Die Abstände stimmen gut. Wir können also mit dem zweiten gleichseitigen Dreieck in der Landschaft bestätigen, daß der Hinweis über das erste Dreieck mit Linz am Rhein und der Familie Malaisé richtig ist. Ohne das zweite Dreieck, welches zwei Punkte in Frankreich hat, wäre die Indiziendecke für Familie Malaisé etwas dünn.

Mit dem zweiten und größeren Dreieck, welches in sich ebenso dreimal den Winkel 60 Grad hat, wird wohl der Auftraggeber der Familie Malaisé sichtbar. Es kann sich dann nur um Maximilian von Montgelas handeln.
Er ist der eigentliche Auftraggeber, so ist nun zu vermuten, der den Kaspar Hauser von Schloß Beuggen ins Bayerische bringen läßt, und zwar nach Pilsach bei Nürnberg.

Aber egal, ob Hauser in Beuggen und Pilsach war oder nicht. Die Dreiecke sollen zumindest auf echte oder falsche Spuren hinweisen. Sie sollen mindestens auf eine politische Absicht hinweisen. Egal ob Kaspar Hauser der Erbprinz ist oder doch nur ein Bursche z.B. aus Tirol, wie vermutet.

Quellen in Wikipedia „Kaltenberg", aufgerufen 31.7.2022:

Arbeitsgemeinschaft Ortsgeschichte Kaltenberg (Hrsg.): Kaltenberg mit Jedelstetten. Schloss – Kirche – Gemeinde – Vereine. St. Ottilien 2012
Georg Dehio: Handbuch der deutschen Kunstdenkmäler: Bayern. Band 4: Ernst Götz: München und Oberbayern. 3. aktualisierte Auflage, Deutscher Kunstverlag, München u. a. 2006, ISBN 3-422-03115-4.
Werner Meyer: Burgen in Oberbayern. Ein Handbuch. Weidlich, Würzburg 1986, ISBN 3-8035-1279-4, S. 139–141.

Saint Menges-La Thuile-Kaltenberg – 3x 475,5 km

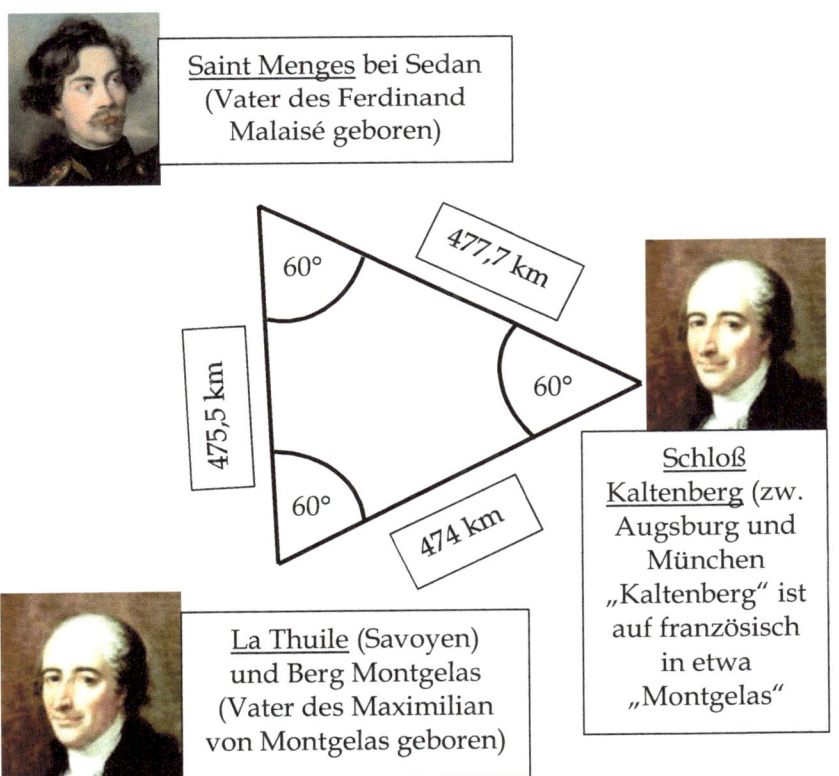

Saint Menges bei Sedan
(Vater des Ferdinand
Malaisé geboren)

60°

477,7 km

60°

475,5 km

60°

474 km

Schloß
Kaltenberg (zw.
Augsburg und
München
„Kaltenberg" ist
auf französisch
in etwa
„Montgelas"

La Thuile (Savoyen)
und Berg Montgelas
(Vater des Maximilian
von Montgelas geboren)

Koordinaten zu 2 der 3 Dreiecke

Folgende Koordinaten haben die Punkte:

Ortsname	Nordkoordinate	Ostkoordinate
Linz am Rhein	50,566	7,281
Saint Menges	49,738	4,926
Pilsach, Schloß	49,322	11,505
Kaltenberg, Schloß	48,132	10,994
Beuggen, Schloß	47,581	7,813
La Thuile	45,527	6,054
(Berg Montgelas)	(45,546)	(6,021)

Der Berg Montgelas liegt nordwestlich von La Thuile. Hier ist das La Thuile in Savoyen gemeint. Nicht dasjenige im Aosta-Tal. Dort in Savoyen gibt es ein Denkmal für Maximilian von Montgelas. Der Berg Montgelas liegt ganz in der Nähe.

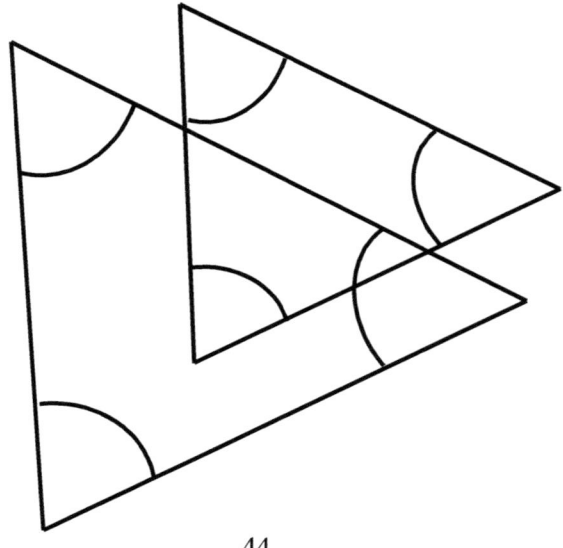

Neue Leute in die Hauser-Forschung?

Schwieriges Thema

Soll ich denn überhaupt neue Personen ausgraben und ihnen eine Verwicklung in die Kaspar Hauser Geschichte unterstellen? Das ist schon ein sehr sensibles Thema.
Deshalb ist die Prozedur immer mit Vorsicht zu genießen, hier weitere Individuen zu ergänzen. Das muß schon gut begründet sein.

Die Codes baue ich so lange richtig, bis sie passen? Oder kann ich Malaisé und Montgelas hinzunehmen, weil die Codes einfach zu gut zu Kaspar Hauser passen?
Das kann weiter untersucht werden.
Frage ist, ob die „Beweisstücke" aus den gleichseitigen Dreiecken zu schwach, oder doch stark genug sind.
Doch gibt es noch ein DRITTES DREI-eck mit DREI gleich langen Seiten, was mir im Nachgang aufgefallen ist. Siehe dazu am Ende des Buches. Es verkettet Paris mit La Thuile und Mannheim, wo der bayerische König Maximilian geboren wurde.

Andere Leute beteiligt – oder keine weiteren?

Oder suchen wir vergebens, weil es gar nichts zu suchen gibt? Oder „verdächtigen" wir hier die falschen Personen? Oder haben wir andere Fakten und die Codes sind doch nur zufällig? Ist „Kaltenberg" ein Schwachpunkt oder ist der Ansatz plausibel?

Malaisé und Montgelas in Hauser-Aktion?

Indizien **für** Familie „Malaisé: Hauser 1816
Gleichseitiges Dreieck 1 mit Linz am Rhein. Beuggen und Pilsach
Gleichseitiges Dreieck 2 schafft Verbindung zu Maximilian von Montgelas
Name Malaisé (schwierig) paßt in Spruch mit Wessenig, Unschlitt und Kaspar Hauser
„An der bayerisch Gränz" (Neuburg am Rhein in der Pfalz?)
Zöllner C. Malaisé und Nähe zu Karlsruhe
Christoph Malaisé und die Nähe zu Zweibrücken, wo Montgelas war
Ferdinand Malaisé sogar Erzieher bayerischer Prinzen (andere Gründe?)

Wegen gleichseitigem Dreieck ist zu vermuten, daß jemand zumindest dafür sorgt, daß Kaspar Hauser von Beuggen 1816 nach Pilsach gebracht wird. Oder es wird einfach behauptet. Familie Malaisé scheint dies zu organisieren? Darf man das annehmen? Sie haben jedoch wohl nichts mit dem Tod des Kaspar Hauser 1833 zu tun.

Was waren die drei ins Spiel gebrachte Personen:

Jahr 1816 Name	Alter	Position	Ort
Maximilian Montgelas	57	Außenminister Finanzminister Innenminister	München
Christoph Malaisé	43	Zollbeamter	Neuburg am Rhein
Ferdinand Malaisé	10	Kind	Neuburg am Rhein

Jahr 1828 Name	Alter	Position	Ort
Maximilian Montgelas	69	Rentner, ab 1826 Briefe zur Politik	München
Christoph Malaisé	55	Zollbeamter	Germersheim
Ferdinand Malaisé	22	Unterleutnant	Landau, München

Jahr 1833 Name	Alter	Position	Ort
Maximilian Montgelas	74	Rentner, ab 1826 Briefe zur Politik	München
Christoph Malaisé	60	Zollbeamter	Germersheim
Ferdinand Malaisé	27	Mathematiklehrer Kadettencorps	München

Ist Montgelas mit involviert, oder nicht?

Mörder 1833 heißt M.L.Ö

Mord im Hofgarten Ansbach 1833

In Wikipedia „Kaspar Hauser", Aufruf 6.8.2022, heißt es:
<<
Am 14. Dezember 1833 erlitt Hauser eine lebensgefährliche Stichverletzung. Er gab an, ein Unbekannter habe ihn im Namen des Hofgärtners zur Besichtigung des artesischen Brunnens im Ansbacher Hofgarten eingeladen. Dort habe er jedoch niemanden angetroffen. Daraufhin sei er in Richtung des Uz-Denkmals gegangen; hier habe ihn ein bärtiger Mann angesprochen, ihm einen Beutel überreicht und, als er danach griff, zugestochen. Der im Hofgarten gefundene, lilafarbene Damenbeutel enthielt einen Zettel mit in Spiegelschrift geschriebenem Text:

„Hauser wird es euch ganz genau erzählen können, wie ich aussehe, und wo her ich bin. Den Hauser die Mühe zu ersparen will ich es euch selber sagen, woher ich komme _ _ Ich komme von _ _ _ der Baierischen Gränze _ _ Am Fluße _ _ _ _ _ Ich will euch sogar noch den Namen sagen: M. L. Ö."

Kaspar Hauser starb am 17. Dezember 1833 gegen 22 Uhr an den Folgen der Stichwunde. Die an der gerichtsmedizinischen Untersuchung beteiligten Ärzte waren sich nicht einig, ob die Wunde durch Selbstverletzung oder durch Fremdeinwirkung verursacht worden war. König Ludwig I. setzte die damals außergewöhnlich hohe Summe von 10.000 Gulden als Belohnung für die Ergreifung eines etwaigen Täters aus, allerdings ohne Ergebnis.
>>

Quelle ist:
Walther Schreibmüller: Bilanz einer 150jährigen Kaspar Hauser-Forschung. In: Genealogisches Jahrbuch 31. 1991, S. 48.

M.L.Ö. – für was steht die Abkürzung?

Keine Ahnung, was das Kürzel M.L.Ö alles heißen könnte. „An der bayerischen Grenze": Kann damit auch die Grenze der bayerischen Pfalz zum Großherzogtum Baden gemeint sein?

Suche nach dem Mörder Kaspars

Es heißt, er sei von einem Fluß nach der bayerischen Grenze. Mit dem Kürzel M.L.Ö. könnte der Vor-, Nachname und der Ort gemeint sein.

An der Donau in der Nähe der bayerischen Grenze kommt da fast nur die Ortschaft „Öpfingen" in Frage. Sie liegt ca. 17,5 km südwestlich von Ulm, also doch ein wenig weg von der bayerischen Grenze.

Dann gibt es Öllingen, ca. 18,5 km nordöstlich von Ulm.

Bei beiden Orten ist es via Internet und vielleicht auch bei Recherche in Büchern vor Ort unmöglich, herauszufinden, wer mit M.L. gemeint sein könnte.

Vielleicht ist M.L.Ö „<u>M</u>eister/<u>M</u>atthias <u>L</u>udwig/<u>L</u>ampe aus <u>Ö</u>llingen/<u>Ö</u>pfingen", … keine Ahnung.

In Wikipedia spricht man hier von „Selbstverletzungen" Hausers. Fazit: Richtig weiter kommen wir hier nicht.

Bayern und Kurpfalz

Interessen an rechtsrheinischer Kurzpfalz

Die Wittelsbacher hatten immer schon lange Bayern und die Pfalz inne. Allerdings hatte Bayern 1815 nur die linksrheinische Pfalz zugewiesen bekommen. Es fehlte die rechtsrheinische Pfalz mit Mannheim, Heidelberg, die an das Großherzogtum Baden ging.

Spiel mit Kaspar Hauser?

Falls jemand um 1816 veranlaßte, daß Kaspar Hauser von Beuggen nach Pilsach umzieht, dann kann man sich darüber Gedanken machen. Wird Hauser als Werkzeug der dortigen Regierung benutzt?

Falls es diesen Umzug überhaupt gibt und falls Hauser überhaupt in Beuggen war.

Nach dem Tod Kaspar Hausers im Dezember 1833 hat der bayerische König Ludwig I. eine hohe Belohnung aussetzen lassen. Das ist immerhin eine Maßnahme, in der die Regierung Bayerns involviert ist.

Ältere und jüngere Linie „Baden"

Duell 1888 Hamilton (Ä) und Baden (J)

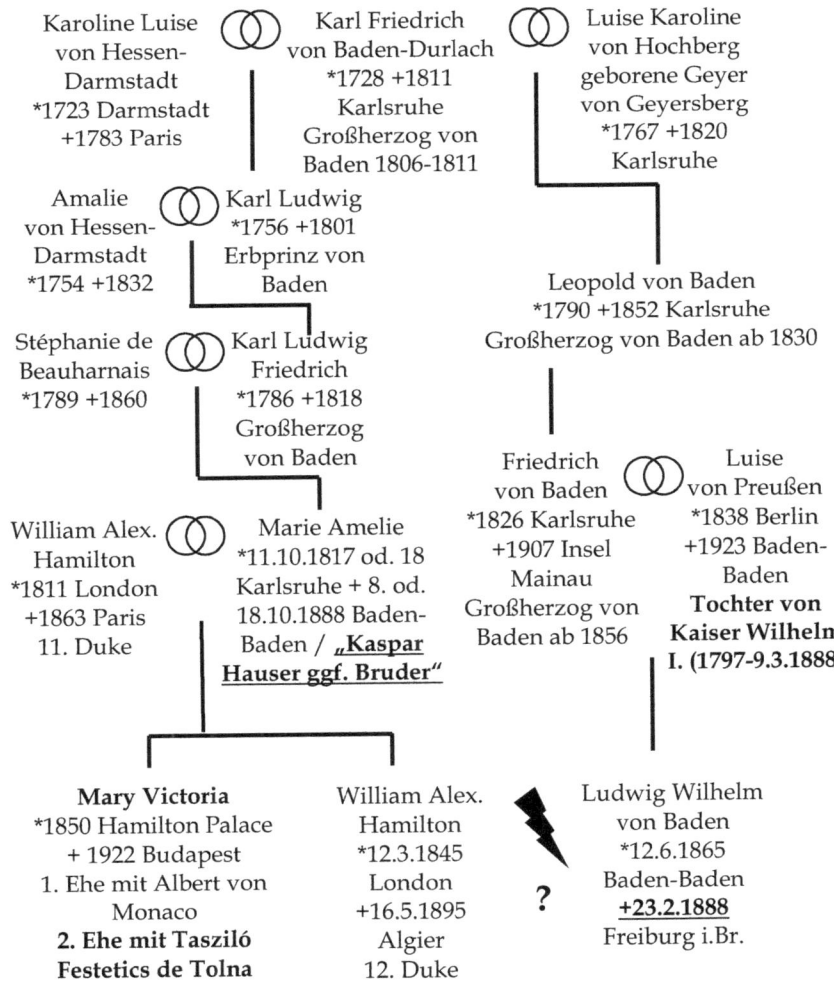

Karoline Luise von Hessen-Darmstadt *1723 Darmstadt +1783 Paris ⊙⊙ Karl Friedrich von Baden-Durlach *1728 +1811 Karlsruhe Großherzog von Baden 1806-1811 ⊙⊙ Luise Karoline von Hochberg geborene Geyer von Geyersberg *1767 +1820 Karlsruhe

Amalie von Hessen-Darmstadt *1754 +1832 ⊙⊙ Karl Ludwig *1756 +1801 Erbprinz von Baden

Leopold von Baden *1790 +1852 Karlsruhe Großherzog von Baden ab 1830

Stéphanie de Beauharnais *1789 +1860 ⊙⊙ Karl Ludwig Friedrich *1786 +1818 Großherzog von Baden

Friedrich von Baden *1826 Karlsruhe +1907 Insel Mainau Großherzog von Baden ab 1856 ⊙⊙ Luise von Preußen *1838 Berlin +1923 Baden-Baden **Tochter von Kaiser Wilhelm I. (1797-9.3.1888)**

William Alex. Hamilton *1811 London +1863 Paris 11. Duke ⊙⊙ Marie Amelie *11.10.1817 od. 18 Karlsruhe + 8. od. 18.10.1888 Baden-Baden / **„Kaspar Hauser ggf. Bruder"**

Mary Victoria *1850 Hamilton Palace + 1922 Budapest 1. Ehe mit Albert von Monaco **2. Ehe mit Taszíló Festetics de Tolna**

William Alex. Hamilton *12.3.1845 London +16.5.1895 Algier 12. Duke

?

Ludwig Wilhelm von Baden *12.6.1865 Baden-Baden **+23.2.1888** Freiburg i.Br.

51

Aktion – Reaktion ab 1812 ?

Der Markgraf von Baden (+1811) war in erster Ehe mit einer Frau aus dem Haus Hessen-Darmstadt verheiratet. Dessen ältester Sohn (+ in Schweden) aus dieser Ehe übrigens auch. In zweiter Ehe war er mit Caroline Geyer von Geyersberg den Bund der Ehe eingegangen.

In folgender Tabelle soll einmal gezeigt werden welche zwei Blöcke es möglicherweise gibt. So würde ich es zumindest sehen.

Der Leser möge selbst die Namen der Parteien ergänzen. Ob es sich so zugetragen hat, ist mehr oder weniger unklar.

Parteien 1	Parteien 2
Geburt 29.09.1812 (QS 32)	Austauschen Kind 1812 ?
	Tod von KLF v. Baden 1818 ?
Auftauchen Kaspar Hausers 26.5.1828 (Quersumme 32)	
	Tod K. Hausers 17.12.1833 ?
Duell Hamilton-Prinz Baden 23.2.1888? (Quersumme 32)	
	Jack the Ripper Aktion 1888

Rheinhessen gegen ihre Darmstädter Herrscher

Die Hessen-Darmstädter in Rheinhessen, die 1888 in die Jack-the-Ripper-Aktion verwickelt sind (siehe meine Bücher dazu), arbeiten im Grunde genommen gegen ihre eigene Regierung. Sie arbeiten im Prinzip für die andere Linie des Hauses Baden.

Hinweisen möchte ich nochmals auf Jakob Köth III. (1850-1904) aus Pfaffen-Schwabenheim, Erbauer des 1888er Hauses. Seine Mutter ist eine geborene **Geier**. Im Adreßbuch Rheinhessen von 1906 gibt es Geier im benachbarten Planig. Hier scheint ein weiterer Code zur Jack-the-Ripper-Aktion drinzustecken. Denn wenn die Mutter des Jakob Köth eine „geborene **Geier**" war, dann kann das auf **Geyer von Geyersberg** hinweisen?

Zumindest hatte ich in meinen Büchern zuvor dargelegt, daß die Aktion in London 1888 als Rache für ein Duell zwischen einem Vertreter der Hessen-Darmstädter Linie Badens und der Geyer von Geyersberg-Linie Badens gelten könnte. Zahlreiche Indizien sprechen dafür.

Mütterlichste Linie der Herrscher

In meinem Buch „Monarchen pro contra eigenes Land" hatte ich geschaut, bei welcher Frau nachweisbar die mütterlichste Linie der Regenten eines Landes enden. Das würde ich auch gerne bei den Lokalfürsten nachvollziehen. Kann man hier ein bestimmtes Verhältnis zu Frankreich (Montgelas und Malaisé) ableiten? Das hat kaum mit Thema Kaspar Hauser zu tun?

Karl Friedrich von Baden (1728 – 1811):
Antoinette de Polignac, Dame de Combronde
(2x Nassau-Oranien und via Ehefrau Wilhelm des Schweigers)

Karl Ludwig von Baden (1755 – 1801 Arboga, Schweden):
Johanna Elisabeth von Baden-Durlach (Ende in Wikipedia)

Karl Ludwig Friedrich von Baden (1786 – 1818 Rastatt)
Philippine Henriette von Hohenlohe (Ende in Wikipedia)

Maximilian Joseph von Bayern (1756 Mannheim – 1825):
Ludwika Karolina Radziwiłł aus Großfürstentum Litauen

Ludwig I. von Bayern (1786 Straßburg – 1868 Nizza):
Mutter: Auguste Wilhelmine von Hessen-Darmstadt
Katharina Polyxena v. Solms-Rödelheim (Ende in Wikipedia)

Portrait-Vergleich

... mit von Manchen vermutete Eltern

Kaspar Hauser (*30.4.1812)

Karl von Baden (+1818)   Stephanie de Beauharnais

Kinder sehen manchmal eher den Großeltern ähnlich. Im Grunde keine gute Methode, um Verwandte zu finden.

... mit von Manchen vermutete Schwestern

Luise (*1811)

Josephine (*1813)

Maria Amelie (*1818)

Schwer zu sagen, ob Ähnlichkeit besteht: Lippen, Augen, Nase, Gesichtsform! Sehen sich überhaupt die Schwestern untereinander ähnlich genug, vermutlich schon?

DNA-Untersuchung 2002

Aus Wikipedia, Kaspar Hauser, Abschnitt DNA-Analysen, 10.7.2022 in Ausschnitten teils wortwörtlich übernommen:

<<

[...] Dem Institut für Rechtsmedizin der Universität Münster wurden mehrere Gewebeproben Kaspar Hausers zur Analyse übergeben. Sie stammten angeblich von drei Haarlocken (eine aus dem Ansbacher Museum, zwei aus dem „Nachlass" Anselm von Feuerbachs), von einem Blutfleck auf der Oberhose und aus Hausers Hut.... [...]

Der Leiter der Untersuchung, Bernd Brinkmann, schrieb: „Die DNA-Abschnitte aus diesen Proben stimmten untereinander überein, ein Indiz, dass sie von derselben Person stammen könnten." [...]

Die Hauser zugeschriebenen Haare wurden nun mit einer Haarprobe Astrid von Medingers, die in direkter weiblicher Linie von Stéphanie de Beauharnais abstammt, verglichen. Es ergab sich eine Abweichung an lediglich einer wesentlichen Position (Zwei weitere beobachtete Abweichungen wurden für die Beurteilung nicht herangezogen, da sie von Mutationen einzelner Haarzellen herrühren könnten.)

Ein Unterschied an nur einem Genort kommt bei verschiedenen Menschen häufig vor, und bei dem untersuchten, Hauser zugeordneten DNA-Abschnitt handelt es sich „um ein Muster, welches in der hiesigen Bevölkerung relativ häufig vorzufinden ist." [...]

Die festgestellte wesentliche Abweichung muss andererseits „nicht zwingend zu einem Ausschluss [einer Verwandtschaft] führen", denn zu ihrer Entstehung „kommt theoretisch eine Mutation über Generationen hinweg in Betracht."

(Untersucht wurde [...] 2002 die mitochondriale DNA, die ausschließlich über die weibliche Linie vererbt wird und sich daher nur durch Mutationen ändern kann).
Brinkmanns Schlussfolgerung lautete: „Zum jetzigen Zeitpunkt wäre es unverantwortlich, einen Ausschluss zu formulieren, so dass immer noch die Möglichkeit besteht, dass Kaspar Hauser ein biologischer Verwandter des Hauses Baden ist."
>>

Quelle in Wikipedia:
Bernd Brinkmann: *Neuester Stand der Forschung der Gerichtsmedizin und Pathologie der Universität Münster.* Vorwort zu: Anselm von Feuerbach: *Kaspar Hauser.* Reprint-Verlag, Leipzig 2006.

Der Mediziner scheint im Fernsehen geschockt, erstaunt und bewundernd wegen der Übereinstimmung zu sein. Offiziell heißt es dann aber, daß es sogar bei Nicht-Verwandten eine Übereinstimmung geben kann. Dann stelle ich mir die Frage: Wie wahrscheinlich ist es, daß eine Person wie Kaspar Hauser zufällig eine ähnliche mtDNA hat wie die Referenzperson Astrid von Medinger?

Das kann ich als Laie nicht beurteilen.

In Wikipedia scheint die Untersuchung 1996 bevorzugt. Siehe dort unter „Kaspar Hauser".

Anagramme in Tabellenform

Kaspar(L) Hauser – Karlsruhe SPA A.

EIN	Nr.	AUS	Nr.
K	1	K	1
A	2	A	2
S	3	R	6
P	4	(L)	13
A	5	S	3
R	6	R	12
(L)	13	U	9
H	7	H	7
A	8	E	11
U	9		
S	10	S	10
E	11	P	4
R	12	A	5
		A	8

58

Beauharnais – Hauser Bain A.

EIN	Nr.	AUS	Nr.
B	1	H	5
E	2	A	3
A	3	U	4
U	4	S	11
H	5	E	2
A	6	R	7
R	7		
N	8	B	1
A	9	A	6
I	10	I	10
S	11	N	8
		A	9

Caspar Hauser – Casa Haus Perr (Peer)

EIN	Nr.	AUS	Nr.
C	1	C	1
A	2	A	2
S	3	S	3
P	4	A	5
A	5		
R	6		
H	7	H	7
A	8	A	8
U	9	U	9
S	10	S	10
E	11		
R	12	P	4
		E	11
		R	6
		R	12

Unschlitt(platz) – Tunlichst

EIN	Nr.	AUS	Nr.
U	1	T	8
N	2	U	1
S	3	N	2
C	4	L	6
H	5	I	7
L	6	C	4
I	7	H	5
T	8	S	3
T	9	T	9

Wessenig – Gewissen

EIN	Nr.	AUS	Nr.
W	1	G	8
E	2	E	2
S	3	W	1
S	4	I	7
E	5	S	3
N	6	S	4
I	7	E	5
G	8	N	6

Codierter Satz?

Vorwurf Bayerns Richtung Baden?

Laut Leo.org:
Malaise = Unwohlsein, Schwäche
malaisé = schwierig

Wessenig ➜ Gewissen
Unschlitt ➜ Tunlichst

Kasper(L) Hauser ➜ Karlsruhe + SPA A.

Hat hier jemand sagen wollen:

> „Karlsruhe soll tunlichst ein schwieriges Gewissen haben!"
>
> „Karlsruhe soll tunlichst ein schlechtes Gewissen haben!"

Anagramm: vermutete Umwandlung grafisch

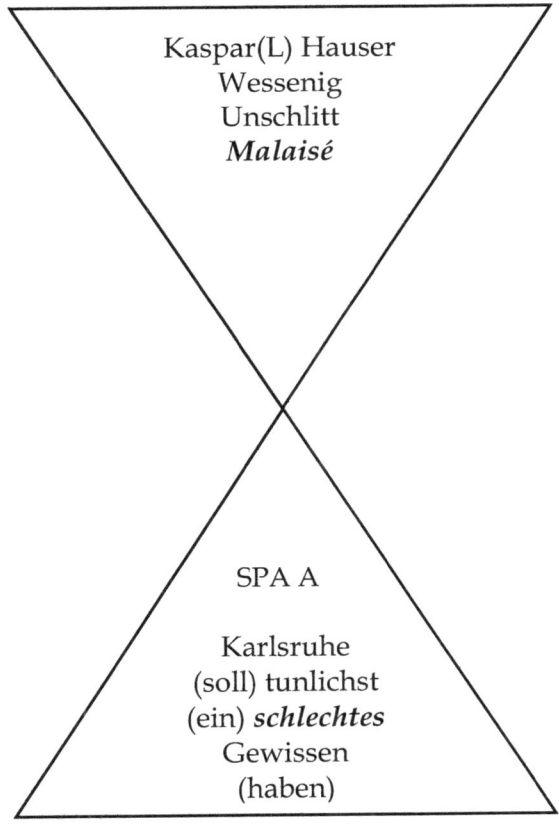

Kaspar(L) Hauser
Wessenig
Unschlitt
Malaisé

SPA A

Karlsruhe
(soll) tunlichst
(ein) *schlechtes*
Gewissen
(haben)

Zahl „6"

In Wikipedia steht unter „Kaspar Hauser" wortwörtlich am 11.7.2022:

<< Am Pfingstmontag, den 26. Mai 1828, traf der Schuhmachermeister Weickmann auf dem Unschlittplatz vor Haus Nummer 9–11 in Nürnberg einen etwa 16-jährigen Jungen an, der „He Bue" ausrief und beim Näherkommen „Neue Torstraße" sagte. Später erinnerte sich Weickmann an eine knappe Unterhaltung, bei der der Junge auf die Frage nach seinem Herkunftsort „Regensburg" gesagt habe.

Er trug einen an den Rittmeister der 4. Eskadron des

6. Chevauxlegers-Regiments

in Nürnberg (zu diesem Zeitpunkt Friedrich von Wessenig) adressierten Brief bei sich. Nachdem man ihm den Weg zu von Wessenigs Wohnung gezeigt hatte, sagte er zu diesem: „A söchtener Reuter möcht i wern, wie mein Voater gwen is" („Ein solcher Reiter möchte ich werden, wie mein Vater gewesen ist.").

Von Wessenig ließ den Jungen nach einem kurzen Aufenthalt in seiner Wohnung zur Polizeiwache führen, wo dieser den Namen „Kaspar Hauser" aufschrieb und zeigte, dass er Geld kannte, Gebete sprechen und beschränkt lesen konnte. Er beantwortete nur wenige Fragen, und sein Wortschatz schien begrenzt zu sein. >>

Quellen in Wikipedia „Kaspar Hauser", aufgerufen 14.7.2022:

Ivo Striedinger: Hauser Kaspar, der „rätselhafte Findling". In: Lebensläufe aus Franken, III. Bd., 1927, S. 199 f.; Fritz Trautz: Zum Problem der Persönlichkeitsdeutung: Anläßlich das Kaspar-Hauser-Buches von Jean Mistler. In: Francia 2, 1974, S. 716 f.; Walther Schreibmüller: Bilanz einer 150jährigen Kaspar Hauser-Forschung. In: Genealogisches Jahrbuch 31, 1991, S. 43 f.

Dann haben wir die Zahl „6" in der Länge des Vor- und Nachnamens von Kaspar Hauser.

Kaspar = **6 Buchstaben**
Hauser = **6 Buchstaben**

Drittens können wir vorweisen die drei gleichseitigen Dreiecke mit je dreimal fast exakt dem Winkel **60 Grad.**

Ist hier schon die Zahl „6" entscheidend, so wie sie später bei Jack the Ripper sowohl in London (**6, 60, 600** km) als auch in Managua (**6, 60, 600, 6000** km) benutzt wird bei Entfernungen, um symbolisch etwas auszudrücken?

Gegenprüfung der Entfernungen

Wie im letzten Buch habe ich auch diesmal darauf verzichtet, mithilfe der Koordinaten die Entfernungen in den Dreiecken auszurechnen. Stattdessen habe ich nur eine Gegenprüfung anhand Atlanten gemacht.

Der Große V.A.G Atlas 86/87, RV Reise- und Verkehrsatlas Position von Pilsach eingezeichnet grob in:
Diercke Weltatlas, Westermann, 2008/2009, S.24/25
Beuggen – Pilsach: ca. 22 cm x 1,5 Mill. = 330 km
Linz a. Rhein – Pilsach: ca. 21,8 cm x 1,5 Mill. = 327 km
Beuggen – Linz a. Rhein: ca. 22,1 cm x 1,5 Mill. = 331 km

Für Entfernungen Frankreich, Deutschland wurde benutzt:
Universalatlas, Die Welt in Karten, RV Verlag, S20/21. Distanzen Versailles, Mannheim, La Thuile, Saint Menges, Kaltenberg stimmen gut mit Google Maps überein.

Code Gleichseitiges Dreieck Nr.3

Koordinaten zu drittem Dreieck

Aller guten Dinge sind Drei, so kam es mir zu guter Letzt noch in den Sinn. Gibt es noch ein drittes DREI-Eck, ebenfalls mit DREI gleich langen Seiten?

Wegen den beiden aus Frankreich kommenden Familien Montgelas und Malaisé fiel mir ein, etwas mit der französischen Hauptstadt Paris zu probieren.

Am besten funktioniert es mit La Thuile (zwischen Grenoble und Genf), Schloß Versailles westlich von Paris und entweder mit Mannheim oder Schwetzingen.
(Die ehemals ebenso kurpfälzische Stadt Heidelberg liegt zu weit im Osten, die Entfernung wird etwas zu groß. Karlsruhe paßt noch weniger, weil zu weit südlich.)

Ortsname	Nordkoordinate	Ostkoordinate
Schloßhof Versailles	48,804	2,123
La Thuile (See)	45,527	6,054
(Berg Montgelas)	(45,546)	(6,021)
Mannheim Schloß	49,483	8,461
Schwetzingen Schloß	49,384	8,571

Aus Wikipedia-Seiten entnommen, aufgerufen 5.8.2022:
<< Schloß Schwetzingen diente vor allem den pfälzischen Kurfürsten Karl Philipp und Karl Theodor als Sommerresidenz. >>

Beide Personen stammen bekanntlich aus dem Haus Wittelsbach, Pfälzer Linie, die im 18. Jahrhundert die damals ausgestorbene bayerische Linie in Bayern ablöste.

Mannheim ist Geburtsort des ersten bayerischen Königs Maximilian I. Joseph (1756 – 1825). Sein Sohn Ludwig I. (*1786 Straßburg; †1868 Nizza), folgte seinem Vater auf den bayerischen Thron und dankte im Revolutionsjahr 1848 nach seiner Affäre mit Lola Montez zugunsten seines Sohnes Maximilian II. ab.

Paris – Mannheim – La Thuile – 3x 470 km

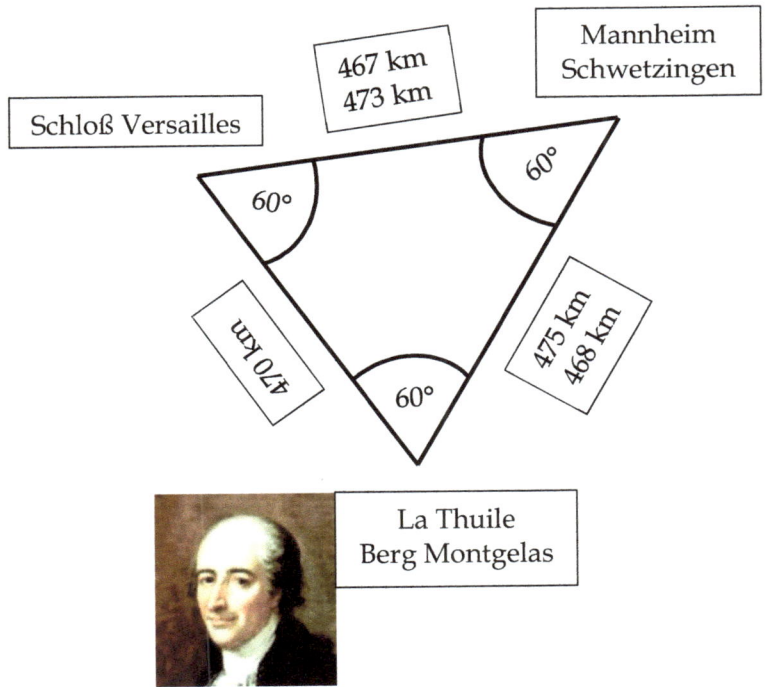

Fächerstadt Karlsruhe – 32 Straßen

Zahl „32" ist auch Bezug zur Anlage um das Schloß

Das 1715 vom heutigen Stadtteil Durlach aus als barocke Planstadt gegründete Karlsruhe war Residenzstadt des ehemaligen Landes Baden. Charakteristisch für den ursprünglichen Stadtplan sind die **32** ringsum vom Schloß in Parkanlagen und Hardtwald der Oberrheinebene **ausstrahlenden Straßen**. Nur das südliche Viertel wurde zentrumsnah bebaut; seinem fächerförmigen Grundriß verdankt Karlsruhe den Beinamen „Fächerstadt". (Wikipedia „Karlsruhe" in etwa, aufgerufen 17.08.2022)

Fächerstadt Karlsruhe als monumentaler Sonnenkompass: [3]

Schon eine **Planzeichnung** aus der Entstehungszeit der Stadt Karlsruhe **läßt eine kompaßförmige Anlage der 32 Straßen erkennen**, die radial von einem zentralen Punkt ausgehen. Dieser Entwurf entspricht der Zeichnung einer klassischen Kompaßrose, wie sie auf Segelschiffen zur Navigation verwendet wurde.
Die 4 Haupthimmelsrichtungen Nord, Süd, Ost und West wurden noch jeweils dreimal halbiert, was Winkelabstände zwischen den Straßen von 11,25° ergibt (Vollkreis von 360° **geteilt durch 32**).
(Passagen aus der Webseite, wortwörtlich übernommen)

---

[3] https://www.helios-sonnenuhren.de/de/blog/2015/09/die-faecherstadt-karlsruhe-als-monumentaler-sonnenkompass

„Offzieller Stand"

In Wikipedia „Kaspar Hauser" steht am 6.8.2022 u.a.:

<< Ein zeitgenössisches Gerücht kolportierte, Hauser sei der 1812 geborene Erbprinz von Baden, den man gegen einen sterbenden Säugling getauscht und beiseitegeschafft habe, um einer Nebenlinie des badischen Fürstenhauses die Thronfolge zu ermöglichen. In der geschichtswissenschaftlichen Literatur gilt diese „Prinzenlegende" auf Grund später publizierter Dokumente und Augenzeugenberichte über den Tod des Prinzen als widerlegt. Eine wissenschaftlich publizierte Genanalyse aus dem Jahr 1996 zeigte, dass eine Hauser zugeschriebene Blutprobe nicht vom badischen Erbprinzen stammen kann. Eine weitere Genanalyse aus dem Jahr 2002 konnte wegen zahlreicher Widersprüche keinen Gegenbeweis erbringen.
Am 17. Oktober 1829 wurde Hauser mit einer ungefährlichen Schnittwunde aufgefunden, und am 14. Dezember 1833 kam er mit einer schließlich tödlichen Stichwunde nach Hause. In beiden Fällen behauptete er, Opfer eines Attentäters geworden zu sein. Seine Anhänger vermuteten ein politisch motiviertes Verbrechen. Nach kriminalwissenschaftlichen Untersuchungen handelte es sich jedoch um Selbstverletzungen, die er sich aus Enttäuschung über das nachlassende öffentliche Interesse an seiner Person beigebracht hatte. >>

Vorschau: Eigene Vorfahren

Wie bereits in meinen vorherigen Büchern: hier auch einige alte Fotos. Vielleicht mache ich ein eigenes Buch dazu.

Planig; Urgr.mutter. sitzend, v.l.n.r. Maria Nonne Mainz, Großonkel Philipp u. Frau geb. Klein aus Mainz (Eltern von Waltraud Wegner geb. Schröder), Großonkel Josef, Oma Marg.

Heinrich Schröder (10.10.1835 Planig – 13.5.1907 Planig)
Kolonialwarenhändler, Winzer, Gastwirt
Mutter geb. Karnehm aus Gumbsheim bei Wöllstein
Ahnen-Nr: 20 (Großvater väterls. der Großmutter väterls.)

Anna Maria Ingebrand geb. Hemmrich
(3.4.1839 Planig – 7.8.1923 Planig)
Ehefrau des Landwirts Philipp Ingebrand (1837-1885)
Ahnen-Nr: 23 (Großmutter mütterls.d. Großmutter väterls.)
Ihre Schwester Margarethe ist Ehefrau von Ahnen-Nr. 20

Obstbaumwärterkurs in Alzey, 1895
In der Mitte, unterhalb des auf der Leiter stehenden jungen
Mannes, steht mein Urgroßvater Johann Hattemer (*1862 in
Gau-Algesheim, +1929 in Biebelsheim, Frau aus Waldhilb.)

ALZEY, i. Hessen.

J. BECKMANN, phot.

74

Urgroßonkel Jakob Kolb und Ehefrau Angelika geb. Wetzel
9.6.1862-17.5.1945   5.8.1873-24.3.1949
Wohnhaft im Stammhaus Kolb, heute Weingut Diegel
Urgroßeltern des Chefs Weingut in Kreuznacher Str. 16-18,
Pfaffen-Schwabenheim

Der jüngste Bruder des Jakob Kolb, Georg Kolb jun., war u.a. auf der Patricia Schiffsmetzger, verheiratet mit einer US-Amerikanerin. Foto Georg Kolbs siehe eine Seite weiter unten in der Mitte, beim Militär in Berlin. Rheinhessische junge Männer waren meist um Mainz beim Militär.
Georg Kolb (1870-1956, gestorben in Bad Münster am Stein, beerdigt in Pfaffen-Schwabenheim. Neffe Helmut Kolb, Opa des Chefs Kreuznacher Schuhhaus, ließ Grabstein zu eigener Beerdigung versetzen.) hatte Wachen vor Berliner Kaserne für Geld verprügelt, welches er von Leutnants bekommen hatte, damit sie nach dem Zapfenstreich noch eintreten konnten. In Hamburg besiegte er einen Ringer.

Urgroßonkel Johann Kolb und Ehefrau Alice geb. Bauer
16.10.1863-25.5.1943   12.9.1878-12.6.1955
Wohnhaft neben Weingut Sonntag bzw. Gasthaus Diegel,
Sprendlinger Str. 32, Pfaffen-Schwabenheim
Urgroßeltern des Chefs von Schuhhaus in Bad Kreuznach

Links: Wilhelm Sonntag (1875-1949), Vater des Cousins meines
Großvaters, heiratet Schwester meiner Großmutter
Mitte: Philipp Sonntag (1864-?), Urgroßonkel und Ehefrau
Wohnhaft als Kinder in Klostergasse 26 in Pf.-Schwabenheim.
Neffe Emil Brühan war bereits bis um 1914 Kaufmann in China.

Heinrich Schröder, Großonkel in Planig, kannte Opa Karl Kolb,
Pf.-Schwabenheim: gleicher Tag Musterung 1917 in Wöllstein.

Großonkel Heinrich Hattemer (1896-1949) im 1. Weltkrieg und mit seiner Ehefrau. Von Panzer überfahren, als er von seiner Firma in Bad Kreuznach nach Hause in Planig radelte. 2 Brüder (Philipp 1905-2004, Peter 1914-1993) lebten zu Emmelshausen

Großtante Maria geb. Hattemer, Großonkel Josef Schröder. Josef sieht ältestem Bruder Johann ähnlich (+1917 bei Laon)

Protus Maria Reichmann, Mönch und Schreiner, im 1. Weltkrieg Kriegsgefangener in Indien, unter britischer Herrschaft (Umschlag Prisoner of War Letter vorhanden). Eine Schwester in Wausau, Wisconsin, USA, Nonne. Auch ein Bild aus Rom von ihr vorhanden. Aus Waldhilbersheim (Guldental).

Quellenverzeichnis

verschiedene Webseiten, insbesondere Wikipedia-Seiten
(Quellen im Text oben angegeben)
Für die Distanzen wurde Google Maps benutzt. Eine
Gegenprüfung erfolgte mit Atlanten in Form von Büchern.

Bildnachweis

Künstler Franz Xaver Winterhalter (1805–1873)
Blue pencil.svg wikidata: Q168659
Beschreibung **Ferdinand Malaisé** von Franz Xaver
Winterhalter (Bleistift & grau gewaschen, 1827)
Ins Internet gesetzt   5. Oktober 2011
Herkunft/Fotograf   Portrait in privatem Besitz

Künstler Franz Xaver Winterhalter (1805–1873)
Blue pencil.svg wikidata: Q168659
Beschreibung **Ferdinand Malaisé** von Franz Xaver
Winterhalter (Öl, 1827)
Herkunft/Fotograf   Portrait in privatem Besitz

Zeichnung an **Christoph Malaisé**, familysearch.com,
beigesteuert von Christian Ott1, 27.3.2022, Christoph
Malaisé.jpg

Künstler Joseph Hauber (1766–1834)
Blue pencil.svg wikidata: Q1707187
Technik   Gemälde
Beschreibung **Maximilian Joseph von Montgelas** in der
Tracht des Hubertus-Ordens
Datum   München 1806

Sammlung   Unbekannter Ort
Quelle http://www.km.bayern.de/blz/eup/01_06/1.asp
Author: Machahn, 10 September 2007 (upload date)

Beschreibung   **Maximilian Josef Montgelas**
Datum Moved from German Wikipedia by DanielCD on
July 4, 2005.
Quelle http://www.uni-regensburg.de/
Fakultaeten/phil_Fak_III/Geschichte/w98vsmm21.html
Dieser Link verweist als Quelle der Digitalversion auf: "aus:
Reiser, Rudolf, Die Wittelsbacher 1180-1980. Ihre
Geschichte in Bildern, München 1979, S. 114".
Urheber Eduard von Heuss (1808–1880)
Blue pencil.svg wikidata: Q1290607

Beschreibung   **Kaspar Hauser**
Datum etwa 1830
Quelle altes Gemälde, veröffentlicht in Büchern und auf
weiteren Internetseiten.
Urheber Carl Kreul (1805–1867) wikidata: Q52154680

Künstler François Gérard (1770–1837) Blue pencil.svg
wikidata: Q163543
Objektart/Technik   Gemälde
Beschreibung   **Großherzog Karl Ludwig Friedrich von
Baden (1786-1818)**
Datum etwa 1806
Sammlung   Badisches Landesmuseum,
Blue pencil.svg wikidata: Q799168
Herkunft/Fotograf   Badisches Landesmuseum

Künstler François Gérard (1770–1837) wikidata: Q163543
Gemälde 1808
Stéphanie de Beauharnais, Großherzogin von Baden
Stéphanie_de_Beauharnais,_Grande-duchesse_de_Bade.jpg

Tochter 1
Künstler Jean Ender
Beschreibung   **Prinzessin Luise Amalie von Baden**
Datum etwa 1825
Objektart/Technik   Gemälde
Sammlung   Royal Collection of Belgium, Blue pencil.svg
wikidata: Q2536986
Referenzen   http://balat.kikirpa.be/object/20023186
Herkunft/Fotograf   Koninklijk Instituut
voor het Kunstpatrimonium:
http://balat.kikirpa.be/object/20023186

Tochter 2
Titel   **Fürstin Josephine von Hohenzollern**
(1813-1900, eine geborene Prinzessin von Baden)
Datum vor 1900
Momentaner Standort   Schloss Sigmaringen
Herkunft/Fotograf
https://www.medienwerkstatt-
online.de/lws_wissen/vorlagen/showcard.php?
id=3263&edit=0

Tochter 3
Künstler Emanuel Thomas Peter (1799–1873)
Blue pencil.svg wikidata: Q14912769
Titel   **Prinzessin Marie Amelie von Baden**
Datum etwa 1842
Technik   Aquarell auf Elfenbein
Maße   Höhe: 10,8 cm; Breite: 8,5 cm
Sammlung   Fürstenpalast in Monaco,
Blue pencil.svg wikidata: Q1164788
Inschriften   Signatur und Text: Thomas Peter nach
Stieler Emanuel

Einen kleinen, weit entfernten Bezug zur Geschichte um Kaspar Hauser kann ich anbringen:

Ein Graf in Bad Kreuznach (über dessen Mutter Bezug zu meinen Vorfahren a) Verschwägerung 1730 väterlicherseits und b) Jagdgesellschaft vor 1900 mütterlicherseits) hatte in die Familie Hohenzollern-Sigmaringen eingeheiratet (Hier gibt es auch noch einen Bezug). Von dort geht es zu einer Familie, die einen Admiral hat, der 1945 Kapitulationen unterschrieb, und zu dem Bruder des belgischen Königs Leopold II.

Von dort – nochmals über Hohenzollern-Sigmaringen – kommt man zur Familie des badischen Großherzogs, der 1818 starb. Die Tochter Josephine (1813-1900) steht in der Ahnenreihe der Kreuznacher Familie.

Thomas Hattemer, geboren 1967 in Bad Kreuznach, aufgewachsen in Pfaffen-Schwabenheim, hat 1994 sein Studium der Physik in Mainz mit dem Diplom abgeschlossen.